그런 인연 하나

그런 인연 하나

하늘 바람꽃에게 묻고 싶다

도서출판 천우

● 시인의 말

누군가가 묻습니다. 엄청 고통스럽고 힘든 일인데 왜 글을 쓰냐고?

그럼 저는 “제 글이 사람들에게 감동의 파도는 크게 일으키지는 못해도 글을 쓴다는 것은 마음을 싱그럽고 상큼하게 하는 청량제 같은 것 중 하나”라고 대답합니다. 언제 어디서나 폭신폭신한 황토 길만 걸어가고 싶었지만 운명의 이끌림이었는지 이것 또한 마음대로 되지 않았습니다. 지금까지 가시밭길, 자갈길, 고난의 길만 걷고 있지만 이 안에서 감사의 보물을 캐는 임무가 주어진 것처럼 글을 쓸 때마다 제 자신에게 얼마나 큰 위로와 평안이 되었는지 모릅니다. 어쩌면 꿈의 문을 닫기 싫어서, 시간이라는 금을 헛되이 사용하지 않기 위해서 오늘도 향기가 나는 글을 쓰고 있는지도 모르겠습니다.

“나의 미래는 지금 무엇을 생각하고 무엇을 하고 있느냐에 따라 달라진다”는 말처럼 미래를 위해 지금 내가 무엇을 하는지에 대해 생각하지 않을 수 없었습니다. 내게 주어진 금쪽같은 하루를 노동으로 활활 태우면서 그

틈새에 쓴 글이지만 10년, 20년, 30년 후에는 내 모습이 점점 더 발전된 모습으로 변할지도 모릅니다. 노동을 한 후 책을 읽고, 글을 쓰고, 또 책을 읽고 글을 쓰면서 살다보면 언젠가 내가 꿈꾸는 대로 꿈이 이루어질 것입니다. 이참에 마음의 웅덩이에 예쁜 꽃씨도 심고, 가꾸면서 살아야겠습니다. 이렇게 살다보면 훗날 먼 훗날에 내가 펼쳐갈 세상은 무척 아름답겠지요.

인천에서 10년 동안 머물면서 〈책기리〉 모임을 통해 좋은 사람들과 함께한 행복한 추억을 가끔 떠올리면 미소가 저절로 머물러지기도 합니다. 한 달에 한 번 선정된 책을 읽고 토론을 하기도 했지만 그 책의 작가를 직접 초청해서 예쁜 추억을 만들 수 있어서 더 좋았습니다. 이곳 전주에서도 좋은 사람들과 또 얼마나 예쁜 추억을 남기게 될지 기대만으로도 무척 설렙니다. 윤신희 시인의 글이 단 한사람에게라도 위로가 되고, 평안을 준다면 혹은 얼룩진 때를 말끔히 씻어줄 수만 있다면 더 큰 기쁨이 될 것 같습니다.

새벽 4시 무렵에 일어나 출근하고 오후 8시경에 집으로 돌아오는 날이면 “왜 하필 나에게 이렇게 힘들고 고단한 일이 주어졌을까?” 하는 사치도 부려보지만, 하나님의 계획하신 무슨 뜻이 있을 거라 생각하면 고개가 저절로 숙여집니다. 연단이라는 시간도 금덩어리만큼 빛나고 값진 것이 될 수 있을 거라는 생각 때문입니다. 거친 사막에서도 꽃을 피우는 선인장처럼 저에게 주어진 환경에서도 믿음의 향기를 가진 소중한 꽃을 피울 수 있도록 허락하신 하나님께 감사합니다.

사랑하고 축복합니다. 고맙습니다.

2022년 3월

윤신희

제1부

하늘 바람꽃에게 묻고 싶다

● 시인의 말

제2부

그런 인연 하나

제3부

마음으로 하는 공부

제**4**부

조금 서툴지라도

제1부

하늘 바람꽃에게 묻고 싶다

하늘 바람꽃에게 묻고 싶다

덧없는 사랑으로도
하늘을 품고
스며든 따사로운 햇살을
휘어감을 수 있을 만큼
소중함을 휘날릴 수 있다면

시도조차 하지 않은 이 마음
아픔으로 얼룩진 깊은 곳에서도
상대의 마음을 끌 수 있는 꽃을
잔잔하게 피울 수 있을까

애처로움의 굴레에서 벗어나
저 철 난간을 허물고
청초한 빛으로 등불을 밝힐
그런 눈빛을 가질 수 있다면

사방에서 비난하며 삐죽거려도
아무렇지 않게 눙치고
내 안을 가득 퍼지게 할
싱긋 웃는 웃음을
뭉실 뭉실 날릴 수 있을까?

이봐요, 봄

이봐요, 봄
그냥 오는 것만으로도 좋은데
꿈의 매력을 공급하려고
내 입술을 열어 날 웃게 해 줄
남산 제비꽃까지 데리고 오다니요

문득
꿀주머니를 움켜쥐고
머뭇거리다가
욕심 많은 여자로 살고 싶다는
비밀을 들켜버린 것처럼
이봐요, 봄 걱정 말아요
겹겹이 쌓인 큰 슬픔은
입김보다 가볍게 보내겠어요.

이봐요, 봄
날카롭게 웃지 말아줘요
엇갈린 틀 그 자리마다
밭을 갈고, 써레질도 하고
푸른 감람나무 씨앗도 뿌릴 테니

풀 더미 속에서

풀 더미 속에서
저 풀은 무슨 꽃을 피울까
길가에 방치된 화단
들여다보기를 며칠 째
하늘 매발톱꽃이었다.
평범한 아주 평범한 풀이건만
이렇게 매혹적인 꽃을
피울 수 있단 말인가?
평범하게 산다는 것은
무지개 같은 것
내가 가진 그릇이
보잘 것 없이 작아 보여도
저 꽃처럼
생각이나 맘껏 휘저어 보자
시간이 흘러
감사와 행복이 흘러넘치거든
매혹적인 미소라도 지어보게

버들강아지

보송보송한 털이 달린 꽃을
너른 들판을 달리듯이
피워놓고 보니
어쩌자고
대한도 안 지났다네

물가가 좋아
햇살이 좋아
풀꽃이 좋아
맑고 파아란 하늘이 좋아
또 저 소리야 해도

가고자 했던 길이
허물처럼 숨겨진 것을
뭉그러진 꿈과
지난 상처를 썩썩 비벼서
주름살에 넣어버리고

앙끗도 없다 해도
생기를 주는 웃음으로
보고 싶은 것을 보면서
마음을 다잡고 가야겠다.
청명한 숲길을 걷듯이

* 앙끗도: '아무것도'의 전남 방언

그 산자고꽃이

죽평리 논두렁에서
연약한 줄기에
꽃대를 올려
하얀 웃음을 주던
그 산자고꽃이
쑥부쟁이를 뜯을 때마다
머릿속 창문을 열고
쭈뼛쭈뼛 하더니
꽃밭하나 가꾸고 살란다.
내가 걸은 길과 걸어 갈 길
모든 것을 알고 있으면서
사랑해주던 그분처럼

* 죽평리: 순천시 서면 죽평마을

봄과 함께

환장하겠다. 봄날이
봄바람을 가르며 달려간 고향에서
엄마랑 함께 밭에서
쑥과 머위순을 캐고,
달래와 쪽파를 뽑고, 두릅을 땄다
선친의 묘지 위에서 반짝이던 별꽃이
엄마의 구부정한 허리 사이로 보이는
닳아진 손금을 애정으로 비춰준다.
한결 푸근한 세상을 살았노라 말하는
엄마의 이마에 새겨진 주름은
지금까지 서툰 젓가락질을 했어도
들추기 싫은 것을 끄집어내서 버리고
쑥국을 끓이고
두릅을 데치고
양념장을 만들어 낸다.
이렇게 새로운 매일 매일을

매화꽃이 향기를 폴폴 내면

십자가를 바라보며 격렬하게
가슴 밑바닥에서 끌어올렸을
소중한 꽃망울
그 수줍어하는 듯한 자태에
오후의 햇살이
뼛속까지 스며든 냉기를
금빛으로 녹이는 것을 보았다.

매화꽃이 향기를 폴폴 내면
그 향기를 다 마셔버리겠다는 각오로
꽃송이를 따던 내 어린 시절 모습이 마치
하와가 금단의 열매를 따서
아담에게 건네는 장면처럼 스쳐지나간다.
한 땀 한 땀 끊임없이 수놓았을
그 소중한 향기

바닥에 너부죽이 엎드려
솜방망이에도 상처를 입었던
내 영혼과 네가 가엽다며
그 몹쓸 과거의 기억 다 녹여버린다.
코로나 19, 그 앞에서
그 소중한 향기 실컷 뽐 내거라
그 향기에 사르르 다 녹아지도록

다시, 봄

꽃은
그물에 걸리지 않은 바람도 부러워하지 않고
한 줌 햇살만 마시고도
아무렇게나 갈긴 글로
허공을 휘리릭 스치고만 가도 시를 남기고
누구에게나 예쁜 마음으로 베푸는 삶을 산다.
그래서 꽃인가 보다

나는
그물에 걸리지 않은 바람도 부러워서
햇살이 내 것인 양 과식하며
늘 무엇이 부족하다고
내 탓이 아니라 네 탓이라고 글을 쓰면서
신에게는 마음을 다듬어 달라고 떼를 쓰며 산다.
그런 내게도 다시, 봄

꽃에게 배운다.
내 안에 박힌 가시는 내가 뽑아야
참 꽃이 될 수 있다는 것을

그 씀바귀꽃이

하나하나의
순박한 꽃송이에
가슴을 후비며 흘린 눈물로
칼날 같은 사연을
차곡차곡 포개 놓은 채로
담벼락에 기대어서
그것도 흙덩이라고
발돋움을 한 채
강아지처럼
그리도 살갑게 흔들었구나!
죽평리 울 동네에서도
꺼져가는 희망을 품고
곪은 상처를 덜어주던
그 씀바귀꽃이

나도풍란처럼

어느 순간부터
똬리를 틀고 제대로 풀지 못한
그 양심을
망각의 강물에서 건져내어
손질하고 또 손질하여
애정으로 보듬어서 키운다면
나도풍란처럼
귀하디귀한 꽃대를 만들 수 있을까?
하여
이 세상에 단 하나밖에 없어서
가슴이 빠개지고
숨이 멎을 것 같은
곱디고운 참 꽃을 피운다면

금낭화의 기도

신이시여

당신이 가라하신 이 길을

화덕같이 화끈하게 따르겠습니다.

주인공이 아닌 조연이라도

소중한 것을 보듬을 줄 아는

별처럼 아름답게 빛나는

주인공 같은 조연되게 하소서

누군가에게 별을 따주고 싶었다

누군가가 싫어졌다면

누군가를 좋아했었다는 것이란다.

누군가를 좋아해 본 적이 없었던 나는

누군가를 싫어해 본 적이 없었다는 사실을

누군가를 통해서 오늘 알게 되었다.

누군가가 천년 동안 잠을 자다 깬 것처럼

누군가를 좋아해 본 적이 있었더라면

누군가를 위하여 하늘의 별도 따주고

누군가가 더 좋은 빛을 보게 했을 텐데

봄, 구이저수지 둘레길

강렬한 끌림이었을까
단 한 번 스쳐 갔을 뿐인
그 사람을 만나러 가듯 찾아간
봄, 구이저수지 둘레길
나무와 호수 그리고 풀잎들이
내뱉은 사랑의 속삭임
얼룩과 때를 말끔히 씻어주네

식당이라는 일터에서
조리원 오십여 명이 한데 어울려
다듬고, 씻고, 썰고, 데치고, 삶고,
볶고, 부치고, 무쳐서 나온 반찬
그 반찬을 종지와 주찬접시에 담고
밥과 국을 퍼서 핑크빛 쟁반에 얹어
밥차에 싣고 병실로 가면
방긋 웃어주던 환자들처럼

그동안 마지못해 걸어왔던
그 길, 오십 년
사랑하면 닮아진다고 했던가요?

봄, 구이저수지 둘레길에서 본
나무와 호수 그리고 풀잎과 꽃을
내 마음 웅덩이 둘레에 심고
다시 걸어본다, 내 생의 봄날을

어찌하여…

어찌하여…

어찌하여… 더

내 삶도 다알리아꽃처럼 이렇게

화려하고

영화롭고, 감사하는 삶이 되어지고 싶어 하는가

이루 다 말할 수 없을 만큼

감미로운 은혜와 사랑을 받고도

금창초꽃잎이

금창초꽃잎이
마음먹은 대로 잘 되지 않아도
소중한 것을 여러 번 놓쳤어도
이미 끝장난 듯
근심이나 걱정하고 있지 말란다.
크고 작은 굴레를 품고 있던
어리석은 나에게
눈을 맞추고
괜찮다고
마음에 품은 참사랑을 준다.
행복을 한껏 누리면서 살라고

돌복숭아꽃

유년시절 엄마랑 산에서 줍던 땔감 같은
그 나뭇가지에
분홍색 꽃망울을 만들기 시작하더니
햇살과 바람과 신의 은총으로
눈부시도록 화사한 꽃을 피워놓고
밥 먹고 살려고 병원에 출근하는 사람
가슴을 이렇게 울렁이게 해도 되는가?
한결 푸른 세상이다
소중한 것을 놓친 이들에게
꽃이 된다는 것은
지금이라도 늦지 않았으리라
가슴에 담아 두었던 꿈을 반죽하여
내 방향키를 놓치지 않는다면
몸서리치게 아팠던 상처가
더 소중한 꽃이 되고
더 소중한 향기를 품는다고
큰소리도 질러 보는 거야

봄, 봄, 봄

정다운 햇살이 쏟아진 봄, 봄, 봄
토끼풀은 피울 수 있는
가장 잘 어울리는 예쁜 꽃으로
행복과 행운을 덜어내고 또 덜어내도
상상력 안에 끌어들인 행복한 꿈으로
꽃잎 잔이 출렁출렁 넘치고

너절하고 잡스러운 것을 채우느라
이루어 놓은 것 하나 없는
이 공허한 나의 내면에도
꽃잎으로 잔을 채우라더니
빛을 낸 행복의 파편들

그저 하루 그 딱 하루만
마음 구석구석까지
행복을 조건 없이 나누어 주겠다고
만족스러운 눈빛으로 윙크를 하네
내어주며 살아간다는 것은
의무가 아닌 의미라고

그것보세요

마삭줄, 방아잎, 젠피나무는
돌 틈에 끼여 살면서도
잘못 끼운 조각이라 하지 않고
비상할 발판을 찾아
꿈을 꾸고 또 꿈을 꾸어
노력하면
어느 순간 내 것이 된다는 것을
언제부터 알게 되었을까?
더딘 삶을 믿음으로
지금 배워가는 단계라더니

봄맞이꽃

나를 포장하지 않고

웃음을 살살치는 모습을

파도 너울처럼 그려내는

봄맞이꽃을 보았다.

그래 좋아

너도

핑계거리만 기다리지 말고

한번 행복해져 봐

꽃마리가 던진 말

말고 또 말아서
끄집어내고 또 끄집어내도
세상 한 부분을 아무렇지 않게
사랑으로 물들이던 꽃마리
불안의 늪에서 허우적거리지 말고
너도 한번
온갖 상상력을 쥐어짜면서
즐겁고 행복하다고 주문을 걸어봐
꿈결에 지나간 것처럼
네가 걸어가는 길목에
눈이 부신 꽃을 볼 수 있을 거야
조용한 속삭임이 반짝 살아나고

제2부

그런 인연 하나

민들레네 통나무집

민들레네 통나무집
참 옹골지구나!
흙의 향기로운 냄새가 그립다면서
단 한 번뿐인 삶을 위해
어쩔 수 없이 통나무에 집을 지었지만
주어진 환경을 탓하지 않고
가슴에 준비된 사랑을 뽐내면서
꿈과 웃음을 섞은
자잘한 즐거움으로
통나무집에서도
잘 살아내고 있는 저 민들레처럼
나도 잘 살아내고 싶다.
가슴에 준비된 사랑으로
소중한 향기 폴폴 날리면서

사과나무꽃

예수병원 재활병동 도로변
사과나무꽃이
그윽한 향기를 품어댄다
철쭉과 애기단풍나무 사이에서
눈웃음 살살치며
누구의 가슴을 뒤흔드시나
누구의 가슴을 흔들어 본 적도 없는
내가 또
눈동자를 파아란 하늘에 닦고
햇살에 윤슬처럼 빛을 내는
사과나무꽃을 오래도록 쳐다본다.
누군가의 관심이 좋았을까
눈웃음 살살치며 손수건을 건넨다.
넘어진 것에 익숙한 나에게
견디는 것을 배우라더니
마음에 숨겨둔 앙금
남김없이 닦아 버리라고

꿈꾸는 자목련

아픔의 더께를 걷어낸 꽃망울에
햇살이 반짝이면
참고 견뎌 내는 능력이
조금은 어수룩하고 서툴더라도
나긋나긋 경건하게 걸어봐야겠다.
청옥을 편 듯한 청명한 꿈들이
나의 뜨락에서 붉은빛 꽃송이로
오색영롱한 등불을 밝히고
떠돌이 새, 직박구리가 노래하면
높은 문턱에서도 포기하지 않고
스스로 의미 있는 존재로
또박또박 잘 걸어갈 수 있도록

* 더께: 몹시 찌든 물건에 앉은 거친 때, 겹으로 쌓이거나 붙은 것

세상에 스며드는 채송화처럼

팔순의 그 어머니가
폐암이 복수까지 전이된
딸을 위하여
모래밭에서도
보석 같은 웃음을 흩날린다는
채송화를 심고 있었다.
사는 게 다 그런 거라면서

이토록 연약한 꽃이
온갖 색색깔로 자태를 뽐내다가
살랑거리는 색바람에 드러낸
또렷하고 포근한 맘도 봤었다.
소두방 뚜껑처럼 요란하지 않게
응어리진 설움까지
살살 녹이는 것도

지친 발걸음에 힘을 실어주고
천진난만하게 웃음을 주며
자신의 가장 소중함으로
세상에 스며드는 채송화처럼
아름다운 저 모습이
내 모습이기를
내가 꼭 그런 사람이기를

연경산, 달빛기행

가난하고 슬픈 내면에
개나리꽃, 벚꽃, 조팝나무꽃처럼
아름다운 삶을 색칠하라면서
학산 서원 터 돌담을 비추던 달이
뜸을 들이다가
숙종이 툭 튀어 나올 것만 같다더니
수많은 나의 아픔을 싹둑 잘라버린다.
그러다가 달은 또
세 번 이름을 부르고 이별하던 고개에서
술 바위, 수리 바위, 배 바위 등
성석신앙 자료에 대한
천영기 선생님의 설명이 다 맞다고
꽃의 결을 더듬다가
연경산이 노적봉의 배꼽을 본 것 마냥
하늘 언어로 웃음꽃을 한없이 만들어준다.
레바논 백향목 같은 향기를 폴폴 날리며

* 연경산: 인천시 미추홀구 학익동에 있는 산
* 천영기: 향토기행 해설사

질경이를 품은 모과나무

모과나무 가슴팍에
기생하고 있는 질경이를 보았다
쭈뼛쭈뼛 쳐다보는 나에게
행복을 밀어 주는 힘 같은
그 애틋함으로 마음 문을 열고
공생하는 거라 우기더니
부드러운 눈으로 속삭인다.

까마득한 유년시절 네 기억을
오롯이 참하게 담아냈다고
초등 중간시간에 조퇴를 하고
쏜살같이 집으로 달려가
너는 모내기 밥을 먹고 동생은
그 틈에서 엄마의 젖을 먹으려고
동생을 포대기에 둘러업고
수없이 돌부리에 채이면서도
애봉실 천수답으로 갔던

한쪽으로 치우친 삶으로
미처 몰랐던 기억을 살려내는
질경이를 품은 모과나무처럼
너, 나, 우리가 모두 웃음 짓기를

지금이라도 마음이 끄는 대로
내 몫의 십자가를 잘 지고 가리라
멈출 때 멈추고, 갈 때 가더라도

* 애봉실: 울 동네 죽평리 뒷산 고개를 넘어가는 산비탈 이름
* 천수답: 벼농사에 필요한 물을 빗물에만 의존하는 논

백야등대

갈 때마다 새로웠다.

굽이굽이 느리게 움직이는 파도와
비바람 몰아치는 거센 물결의 손을
아무렇지 않게 덥석 잡아주며
누군가의 마중물이 되고
등불이 되고
마음 깊은 곳에
쓰라린 아픔의 시선을
다 받아주던 백야등대

바다목장 가는 길에서 만난
동백이 전해준 이야기
힘들게 버텨온 지난날에
마음 구석구석에 쌓아놓은
자갈처럼 단단해진 것을
깨서 바람에 날려버리란다

하여
나는 오늘도
모자라고 부족한 것을 채우기 위해

생각의 꼬리를 자르고
비워내고 버리는 연습을 한다.
새롭게 만날 나의 일상을 위해

* 백야등대: 여수시 하멜로 102

죽단화

등 떠밀려
바람에 까불리는 겨처럼
나부끼는 내 삶에
벼락처럼 깃든
푸르도록 슬픈
울음마저도 삼켜버린
죽단화가
풀 언덕에서
바윗덩어리 같은 속살로
자분자분 스며든다.
얼굴을 우유로 씻은 듯
향기로움을 달콤하게 품고

작약꽃

깊음의 샘에서

꼭 내 얼굴을 본 듯

작약꽃을 들여다보는 내내

꿀과 젖이 흐르는 강처럼

내면의 참된 소리가 아름답다

그래서는 안 된다는

봄을 또 기다리겠지

삶의 스토리

그 찬란함을 기억하며

봄, 수봉공원

— 괴불주머니꽃처럼

삶의 골짜기를 오르내리다가
허무한 삶을 사는 동안
수많은 날이 연기 같이 소멸하고
잘 박힌 못처럼 가만히 있지 못해
내 뼈가 숯같이 탔어도
봄, 수봉공원
칼날로 베인 쓸모없는 아픔을
가지치기하듯 도려내던
저 괴불주머니꽃처럼
푸르름을 눈부시게 빚어
가난해도 꽃을 사랑하고
고단한 삶을 살면서
천년의 갑절을 산다 해도
헛되이 바람에 날리지 말란다
그대에게 있는
보물 같은 참 행복은

애기똥풀꽃이

거름더미에서도
엄마가 몰래 준 그 많은 사랑
맑은 안목을 보도록
눈보다 깨끗이 씻어 주시던
그 손길처럼
오월의 햇살로 드러낸
비밀의 웃음소리가
평탄한 길을 찾지 못한
거칠고 메마른 나의 영혼에
금이 빛을 얻듯 윤택함을 주네
뚤레뚤레 쳐다보기만 한다고
무얼 해줄 수 없다더니

그런 인연 하나

햇살 같은 미소만으로
색색깔이 시온에 흘러넘칠 빛을 지닌
그 사람을
가슴 떨리게 좋아하면서
등완백과 포세신을 떠올려본다
그날의 추억까지

그들이
서로 만난 것은 오직 한 번
더 안 만나도
서슴없이 여한 없는 사제로
다 완성된 것처럼
두 사람의 인연은 거기까지
딱 거기까지만 이었다는

좋아하는 마음이
가슴을 후비고 파고든다 해도
이따금씩
쑥대궁의 향기로움 같은
그런 인연 하나는 갖고 싶었다.

덩그러니
텅 빈 내 가슴 한복판에도

* 등완백(登完白)과 포세신(包世臣):인연의 늪(혼불 5)중에서, 천방신일(天方神逸) 두 거봉 대가가, 둘은 여한 없는 완벽한 사제(師弟)지간.

그 어머니 2

재원이 엄마가 내 손 잡아주고
이런 것이 천국이제
보고 싶은 사람이 눈앞에 있는데
양쪽 고관절까지 부러져
살아온 세월이 괘씸했을 텐데
우리들과의 추억으로
몇 개 안 남은 치아를 덜컹거리면서
벚꽃처럼 웃음을 팡팡 터트리시는
8학년 7반 그 어머니

요양원에서
한 달 만에 외출 나온
그 어머니와 이마를 맞대며
아이처럼 좋아하는 그 아들
아홉 살에 목이 부러져 말도 못한 채
44년 동안 휘늘어진 고개를 흔들면서도
재미없는 삶을 색칠하며 살았을 거라는
나의 착각을 단박에 잘라 버린다.
살고 싶은 마음과 살아 주기를 바라는
그 비밀의 베일을 벗기고

내 가슴팍에서도
솜솜한 기억을 떠올려본다
풋내 나는 그런 삶으로
거스를 수 없는 운명에
쇠통만 채우고
사무친 한(恨)을 쌓아올리면서
누군가가 보고 싶어
고운 삶을 빚어 본 적이 있었는지
그 어머니처럼

하나님은 모른 척 해 주세요

겨울 햇살이
커튼으로 고개를 내밀 때도
봄이 되었다고
후리지아꽃을 한 다발 사오던 그녀
내가 그렇게 좋다고 했던 그녀
늘 환한 웃음으로 찾아와서
언니가 반갑게 해줘서
더 찾아오고 싶었다던 그녀

어느 무더운 여름
시원한 얼음 음료수를 내밀더니
생년월일을 묻는다.
12월에 직장을 옮기고
저 멀리 이사 갈 운이 있네요.
손사래 쳤지만
결국 그대로 되었다.

사주대로 되는 것일까
운명대로 되는 것일까
폭신폭신한 황토 길만 걸어가고 싶었다.
하지만 아직도 걷고 있는
자갈길, 고난의 길, 가시밭길

오늘따라 그녀가 보고 싶다.
철없이 묻고 싶은 것이 많아졌다.
앞으로 어떤 길을 걷게 될지도

있는 그대로의 모습이 좋다고

울 엄마가 해주신 겉절이에
삶은 목살을 얹어
따뜻한 밥을 먹은 것처럼
있는 그대로의 모습이 좋다고
산수국꽃을 닮은 풍차수국꽃이
사랑이 마르고 참 평안이 없는
내 영혼의 깊은 곳에
꺼지지 않을 참 행복의 빛을
아낌없이 내어준다.
깨금발로
쭈뼛쭈뼛 쳐다만 봤을 뿐인데

아네모네

남해, 독일마을 원예 예술원
진달래꽃이 피기 전
시간이 멈춰버린 것처럼
피어난 아네모네
그 품으로 달려간다.

보이는 잣대로만
던져준 행복을 품었던
맞물린 두 손 가득 쌓인
지난 허물을 털어버리고
둥글둥글 다듬어

그 안에
틈날 때마다
사랑하고 아끼는 맘을 담아
그 향기에 취하는 것이
일상이 될 수 있도록

게발선인장, 꽃 피다

쓰레기장이었다. 예수병원 옆에 있는
플라스틱 수액 줄에 묶인 채
위태롭게 숨을 쉬며
온몸이 찢긴 채 나뒹굴던 게발선인장
뭉클하게 다가오는 믿음으로
급하게 수술을 하듯
도자기 화분에 옮겨 심고
구름 사이를 비집고 나온 햇살을 마시게 했다.

몇 날 며칠이 훌쩍 지난 어느 날
'매듭아 다 풀려라'는 쑥덕거리는 소리에
게발선인장이 있는 곳으로 가보았다.
꽃대궁이 주렁주렁 매달려 있었다.
우물가의 리브가처럼
순종하는 단호한 표정을 짓고

모래 폭풍이 있는 사막을 걸으면서도
코로나 19, 그 치열한 생존투쟁기를 견디고
환한 등불이 되어주려던

게발선인장, 꽃 피다
찬란하다, 스스로 밝힌 빛

* 리브가: 이삭의 아내, 야곱의 어머니이자 지혜로우며 행동하는 적극적인 여인

욕심

우연히 마주친 맨드라미꽃을 보고
내 삶도 이렇게 화사했으면
마음 내키는 대로
생각하다가
신께 다시 떼를 써본다.
속으로 더 이상 우는 일이 없기를
시들지 않는 포근한 사랑은
덤으로 얹어 주기를
거부할 수 없는 운명으로
빙 돌아다녀야했던 사람과
험난한 구간을 통과한 사람에게는
뭐든 말만 하면 다 들어주기를

산비탈에서

산비탈에서
쓰라린 아픔을 겪은
까마중이
열매 송이 송이마다
달콤한 추억을
항아리처럼 담아놓고
끝이 없어 보이는
거친 길을 걸을 때마다
비워내고, 지워내면서라도
꿈을 포기하지 말라고 하네
분명히 그 끝은 다르다고

숲을 볼 줄 아는 지혜로
— 임실 붕어섬

나무보다 숲을 볼 줄 아는 새들이
싱그럽게 합창을 하고
파아란 하늘에 뭉게구름이 둥실둥실
옥정호 은빛 물결이
궁댕이를 신나게 흔들어 주면
황금빛 지느러미를 뽐내는
천 년의 신비를 담은 붕어섬

나무와 나무 사이를 엿보며
오동나무꽃이
어깨부터 가슴 부위까지
드러내 놓고
고상하게 웃으면서
연보라빛 새 의상 쇼를 한다.

무릎인대파열로 몸살을 앓고
무릎에 물이 찼지만
잠시 동안 의사가 처방해준 약이
엄마가
마당에서 마중물을 넣고 펌프질해서
물을 등에 끼얹어주었던 그날처럼
시원한 날개를 달아 주었다.

청정한 눈빛으로
작은 웃음과 행복을 주던
붕어섬의 저 붕어처럼
내 안에 내동댕이쳤던
황금빛 지느러미를 뽐낼 수 있을까?
숲을 볼 줄 아는 지혜로

시클라멘꽃이 어쩌자고

구순하고도 3을 더 보태면
내 나이라던 어르신이
네 살 연하인 아내를
울 가게로 데리고 왔다며
시클라멘꽃처럼 웃으신다.

"마도로스 카츄사"였다고
터가 높고 아름다운 곳에서
고생만 시켰다면서
아내를 위해
휠체어도 밀어주고
농담도 잘하고
웃기도 잘하고
속옷도 품질 좋은 것으로 입으라 하고
시클라멘꽃이 어쩌자고 이렇게 아름다울까요.

미추홀 TV에서
시를 쓴다는 것을 알았다면서
거무튀튀하게 먹었던
날카로운 삶까지
말갛게 씻어주는 것을 보면

제3부

마음으로 하는 공부

천개의 향나무 숲에서

천개의 바람이
천개의 향나무를 흔들면서
내 안의 상처를 부둥켜안고
내 마음을 단단히 붙들어 버린다.

향기를 물감 삼아 휘저으면
마음 밭에 향기를 심어주던
향나무 한 그루
내 마음 밭에 심을 생각을 못했음을
들추기 싫은 내 삶을 더듬어본다.

천개의 향나무가
나의 온몸으로 스며들어
뒤틀려 가는
내 마음을 휘저을 때도 몰랐다.
그런 향기를 깊이 뿌리내리라는 것을

사색의 길에서 또렷하게 심어준
천년의 향기를 찬찬히 짚어본다.
그런 향기를 주는 사람이기를
그런 향기를 받는 사람이기를

* 천개의 향나무숲: 전남 구례군 광의면 천변길 12

참외의 속삭임을 마법으로 듣다

내공을 볼 줄 아는 통찰력
진짜 중요한 것을 볼 줄 아는 사람이
모든 좋은 관계의 시작이라지

시멘트 벽 모서리 틈에서
하늘에 의지하고 자란 참외가
좋은 삶을 사는 것인지
화분에 심겨져
사람이 주는 물 받아먹고 사는 참외가
좋은 삶을 사는 것인지
가끔은 통찰력을 잃고 헷갈릴 때가 있다.

다만
청아한 숲 향기로 날마다 세수를 하고
파아란 하늘을 맘껏 품을 수 있는
신이 주신
붉은 노을 이불 삼아 풀 베개 비고
푸른 초원에서 이리저리 뒹굴면서
살아보고 싶다는 생각뿐인데

며느리밥풀꽃, 꿈 다시 꾸다

선암사 야생화체험관 가는 길에
저리 가라, 만지지 말라
응어리졌던 밥풀이 행여 떨어질까
시큰둥한 표정으로 몇 번이나
곰곰이 더듬거려본 밥풀
산사에 쌓인 눈물이 소리 질러
한(恨)으로 쏟아져 내리면
행여, 내가 걸어가는 이 길은
눈물이 뺨에 흐르지 않아도
함부로 살았던 삶의 조각이 부서지고
시시각각 새로움을 주는
하,
자분자분
내가 가고 싶었던 곳을
좋은 사람들과 함께
웃음꽃을 피우면서 걸어간다면
뜬구름 잡는 이야기라 할지라도
용광로보다 더 뜨거워지는 삶이 될까요?

일일초 앞에서

내가 나다워질 수 있을지도
모른다는 생각에
잠시 하던 일을 멈추고
매일매일 새로운 꽃을 피우는
일일초 앞에서
한참이나 쪼그려 앉아본다.

아주 가끔씩은 인생의 도화지에
네가 좋아하는 것으로
색칠을 해보는 것도 괜찮지 않을까
색칠하다 보면
언젠가 네가 살아낸 흔적이
커다란 그림으로 그려질 것이고

가난한 삶에 대한
강박에 짓눌리지 말고
괜찮아지는 날
가난의 참된 의미를 찾는 것에
마음을 써 보라고 속삭이는
그 소리 고소하고 달콤하네

선암사 편백나무가

산사를 배경으로
흔들의자에 기대어
평범한 일상이 휘청거리도록
깨알 같은 웃음을 나누는
자매들의 수다에

편백나무가
허리가 꼬구라질 정도로
피톤치드를 만들어놓고
굽이굽이 내가 걸어온 길을
얼음 녹듯이 사르르 녹인다.

타오르는 빛나는 얘기를
눈송이처럼 뿜어 대며
바깥세상에서
투덜거리고 살아도
날 알아주는 그분처럼

보랏빛, 그 도라지꽃이

도라지꽃이 간직하고 있는 것을
끄집어 본다.
우리가 여동생 같다면서
우리에게 딸 자랑을 하던 단골손님
잠자다가 깨어나지 못했다는
그 따님이 전해준 메시지에
가슴 한복판이 자꾸만 흔들린다.

멍한 시선으로 팔짱을 끼고 봤던
보랏빛, 그 도라지꽃이
별처럼 피어난 것을 보니
껍데기에 집착하는 어리석은 나에게
영원히 빛나는 사랑처럼
시간 여행을 하고 오라고
그녀가 도라지꽃으로 피어났을까?

흰꽃나도샤프란처럼

노지에서도
여우에게 홀린 것 같은
후회 없는 기쁨을 주는
사랑스러운 꽃이 되고 싶다.
도심 속 주택가에서
주렁주렁 익어가는 대추알만큼이나
철없이 나댄다 해도
허물까지도 감싸 주는
주어지지 않은 길을 걸을지라도
새삼스럽다고 손가락질해도
사랑스러운 그 길을 걷고 싶다.
흰꽃나도샤프란처럼

소양 오성제, 소나무

길이 있었다.
내가 걸어가고 싶었던 그 길이
나는 그 길을 걸어갈 수 없을 것 같아
수많은 밤을 애태우며 괴로워했었다.
특별한 것이 아니라고
반짝이는 물결처럼 생각하나만
바꾸면 되었을 것을

세상을 혼자 다 짊어진 것처럼
하루하루 나만 운 없다는 이유로
허황된 꿈을 좇아 시간을 허비하던
힘든 날에는
저수지의 넓은 어깨가 나를 감싸주듯이
막막한 그 이름이지만 친숙한
당신께 떼쓰면 되었을 것을

소양 오성제, 저수지 소나무는 그랬다
핑계의 잣대를 들이대지 않고
꿈결처럼 복을 짓고 나누며
선한 영향력을 끼치며
그 자리에 있는 것만으로도
큰 존재가 될 수 있다고

* 소양 오성제: 전북 완주군 소양면 대흥리 소재.

그해 여름처럼

뜬구름 잡는 이야기라 할지라도
쏙쏙 내민 꽃봉오리에 담겨진 사연을
다 읽고 싶다는 마음으로 찾아간
전주 덕진공원
연이파리가 그해 여름처럼
말없이 또르르 말아버린다.

그것을 비우고 씻어서
걸림돌이 있더라도
뒷걸음질 하지 말고
앞으로 묵묵히 걸어가라며
마음 한 칸에 조용히 심어준 것을
이십년 만에 한 토막 떼어본다.

연꽃과 연이파리를 보는 내내
여러 날 내게 머물던 나를 둘러싼 소리가
사르르 녹아지고 있었다. 고약을 바르면
종기에 고름이 아픔 없이
조용히 사라지던 유년시절
그해 여름처럼

* 덕진공원: 전주시 덕진구 권삼득로 소재

성산일출봉에서

밤새 퍼붓던 빗방울이 주춤거린다.
해를 품은 구름과 푸른 바다를
번갈아 가면서 한 번씩 본다.
봉우리 정상 난간에 엉덩이를 기대어
수많은 오름에서 아는 만큼 보인다는
성채를 보려고 일출을 또 기다린다.

단을 올라가면서 스쳐 지나며 봤던 지층
사이에 두고 흘렸던 땀방울을 삼키고
가마솥 모양의 분화구에
시루밑처럼 켜켜이 쌓아둔 추억
다 꺼내지도 못한 채
구름에서 쏙 빠져나온 둥근 해
심성 고운 사람만 볼 수 있다고 했던가요

그 어디에서도
내가 선 곳에서는 내가 빠지고 없었다
내가 보인다. 눈부시게 빛나고 예쁘다
나를 드러낸다는 것은
어마어마하게 근사하고
얼마나 크고 위대한가?

* 성산일출봉: 제주 서귀포시 성산읍 소재

연미정에서

먼 길을 돌고 돌아
49년 만에 본 연미정 · 월곶돈대
뼈아픈 역사를 모두 감추고
정자를 둘러싼 성안에
토끼풀꽃이 가득하다
철재를 강가에 두른 경계선
썰물에 드러난 모래톱 위를
평화의 소를 타고 개풍군에 가볼까
민통선과 연미정 느티나무를 들락거리는
갈매기의 속살도 모르게
49분이면 갔다 올 수 있을 것만 같은데
내 손에서 얻을 것이 없다 해도
눈물이 뺨에 흐르는 평안으로
난 평화를 위해 기도하리라
평화 너 힘을 내라고

* 연미정 · 월곶돈대: 강화군 강화읍 월곶리에 있는 정자. 임진강과 한강이 만나는 지점으로 서해와 인천으로 흐르는 물길 모양이 제비꼬리와 비슷해서 연미정이란 이름이 붙음

잠든 별과 빛나는 별 사이에서

달빛으로 돌아보는 순례길
살아서 꼭 한번쯤
와보는 것도 괜찮을 인천가족공원
해질녘에 걸어본다

마니산 참성단에 걸린 해가
잠든 별과 빛나는 별 사이에서
서로를 위하는 마음으로
찰랑이는 평화의 빛을 주는 것을 보면
다시금
다듬지 못한
어느 날을 되돌아보아도
내 몸뚱어리 어디 한군데
존귀한 빛 한 방울 나올 곳 없지만
조금만 더 걸어보는 것도 괜찮을 것 같다
삶의 무늬가 빛나는 별처럼
아름답게 새겨지는 그날까지

만월산 산책로에 도란도란 앉아서
각자 만들어낸 삶으로 빚은
웃음꽃을 파편처럼 날려본다
존엄한 사이의 침묵을 깨트리고

* 만월산: 인천가족공원(부평삼거리역 인천 1호선)이 있는 산

위도 상사화

서로 만나지 못해도
푸른 바다에
내 생각을 맘껏 휘저으면
인당수에 빠진 심청이 마음처럼
따뜻한 말의 힘으로
내면을 들여다 볼 수 있을까요
부서지는 파도의 꼬리를 따라다니던
갈매기가
섬과 섬 사이의 경계를 넘나들며
영원히 이루어질 수 없는 사랑이라고
뼛속까지 외로움을 주지 않았으면
혹독한 겨울 같은 시련을 견디며
단련이 된 나를
사랑하는 그 사랑으로
어긋남에 단단히 빗장을 쳤어도
흰 상사화가 달빛에서 조차
사무치게 그리워했으므로

* 위도(고슴도치섬): 전라북도에서 가장 큰 섬, 부안군 위도면에 딸린 섬

쑥부쟁이, 그런 꽃이 되었으면

가을에 필 것 같은 꽃이
7월에도
소녀처럼
순수하고 맑은 웃음으로
반전 매력을 품고
예쁘게 피어 있었구나
어찌 그리 참으로 보기 좋은지
나도 말이야
사랑스럽고 당당한 꽃이 되어
누군가의 가슴이 다시 뛰게 하는
그런 꽃이 되었으면

내소사, 전나무 숲길을 걷다가

걷고 쉬고 또 쉬고 걷고
무릎관절 수술 흉터를 달고
십 년을 또 일로 삶을 채우신
나의 엄마
덤덤히 받아들인 아픔이
뼛속까지 스며들었단다.

틈새를 비집고 나온 햇살
꽤 그럴싸한 마음의 소리로
초록을 매끄럽게 다듬은 감탄사
나의 엄마가 살아온 칠십 년을
전나무가 모두 품어버리니
아픔이 봄눈 녹듯 사라지고

상처가 깊으면 향기도 깊어지나니
초록의 힘은 크다.

정교하고 환상적이라는 대웅전
굽지도 못한 아픈 무릎으로
비나리 하신 엄마에게
"누구에게 기도 했소" 물어도

"하나님께"라고 당당하시니
'암튼 못 말린당께' 나의 엄마는

* 내소사: 전북 부안군 진서면 석포리에 있는 사찰

노랑 백합꽃이

자, 봐라 봐
하루 이틀 저꺼 봐야 안다지만
그래도 한번쯤
환하고 푹신한 깃털이
자꾸만 날아갈 것만 같은, 그런
사랑을 해 봐야한다고

성실하게 일만 하고 살았던
찜질방 기관사 노총각이
삶을 함부로 대하지 않고도
지천명에 꽃바람이 스며들어
사랑의 향기로 에워싸니
애교가 유쾌하게 넘치는 그녀를
뿌듯함으로 끌어안았다는

저 벽을 허물고
사랑하며 살 거라는 생각을
한 번도 해 본 적 없는 나에게
마치 영화대사처럼
노랑 백합꽃이 속삭인다
따사로운 마음은 엉겁결에
지혜가 투영된 문이었다고

삼랑성(정족산성), 고들빼기가

상처의 파편으로 곪은 자리에
숲이 준 초록파스를 붙여가면서
송홧가루 날리는
삼랑성(정족산성)을 걸었다.
전등사를 배경으로 그림을 그리며
시를 쓰던 고들빼기가
가지 마디마디에 꽃을 피워놓고
산문에 기대어서 기웃기웃하더니
내 비록
순천에서 살았던 삶의 모양이
그렇게 둥글거나 모나지 않았어도
어린 양들 같이 뛰놀고 싶었다는 것을
건들하니 키가 큰 오동나무가
내뱉지 않았더라면
아,
고들빼기가
실수투성이 내 삶을
꽃잎에 오롯이 새길 수 있었을까
산호 돌보다 더 반짝이는
은하수 청간 수보다 더 맑은
삶의 지혜를 시린 가슴에 주면서

* 삼랑성(정족산성): 정족산(강화도 길상면에 있는 산)에 있는 성

돈오리 돈대에서

초록빛 바다를 적시던 해가
높은 문턱을 딛고 일어서서
인천바다가 내뱉는 숨소리를
한 움큼씩 쥐었다가 편다.
다른 손과 마주 잡기 위해

인생의 항로에서
즐거운 마음으로 걸었어도
괜찮은 날은 몇 번이나 있었을까.
내공을 볼 줄 아는 통찰력이 있는
두터운 먹구름이 별거 아닌 것처럼
나만 힘들게 살았다는 어설픈 생각
아름다운 활 같은 해안선 갈매기가
마법의 힘으로 읽어주네

발로 탁탁 눌러도
지독하게 부끄러운 마음을 덮어주고
뽀얀 살갗 안으로 스며드는
저 붉은 노을처럼
마니산 줄기와 바다가 전해준 이야기로
달콤한 행복과 슬픈 생각을 담는

진짜 중요한 마음의 그릇은
눈 씻고 봐도 똑같다고

* 돈오리 돈대: 강화도 화도면 동막해수욕장 옆에 있음

마음으로 하는 공부

내 마음을 갈아엎어야 한다.
개간해야 한다.
다짐을 하지만
허공에 던져진 상처까지 다 끌어안고
살아내고 있는 내 자신을 본다.
끈질기게 붙들고 늘어져야 하는
이것도 다 연단인 것을

전북 임실 맛집 옥정호 산장 사위는
예수병원 시설관리과 소속으로
무거운 짐을 수레에 싣고 끌고 가거나
페인트칠을 하거나
바닥에 타일 붙이는 공사를 하면서
땀방울을 뚝뚝 흘리던 모습을
몇 번이나 보았을까

같은 직장동료인 아들이 어느 날
벽에 못질을 하다가
흘러내리는 땀을
손으로 훔치고 나서 쳐다보았단다.
지친 표정을 읽어낸 그 선배는
감사하며 순종하는 마음을 내보이며

"나는 도장기능공을 하려고 입사했어
나에게 주어진 일이 이 일인 것을"

마음으로 공부를 하게 되었단다.
땀을 흘리면서도 힘들었던 것은
겸손해지고 싶어 하는
마음이 흘린 눈물이었다는 것을
이곳에서 내면을 살찌운 후
더 높은 곳을 향하여
푯대를 세워가는 중이라고

신이 나에게 허락한 일
내 길이 험하고 멀지라도
티 없이 생생하게 밥상을 차려서
환자에게 배식하는 것이 내 일인 것을
한 치 어긋남 없이
내가 세운 푯대를 향하여
잘 걸어가고 있었던 것을

문득 그 말들이

흙이 얇은 돌밭 같은 마음을
옥토로 바꾸려고
깊고 깊은 구덩이를 파듯이
내 생각과 의지로 할 수 없는
그런 일이 내 가슴 벽을 칠 때마다
먹고 살아야 한다는 이유 하나만으로
노동으로 몸을 또 혹사시켜야 했다.

노동이 끝나고 잠이 들었다하면
손발이 저리면서 감각을 잃어 갔고
한 번 살아보겠다고
팔을 흔들고 몸을 주물러
피가 돌게 하는 그 끔찍한 날들이
2년을 이어갔다.
전생에 죄를 많이 지었을까?

연단과 훈련을 견디지 못하고
노동을 그대로 놓고 달아난 사람들
죽은 것이 더 편할 거라고
다들 그렇게 말했지만

그러나
난 살아내야 했다.
난 잘 살아내야 했다.

힘들지?, 힘내!, 힘들었구나.
문득 그 말들이
별처럼 빛이 난다
자꾸만 내 앞에서 반짝거린다.
노동을 해야 한다는 것은
마음에 쏙 들진 않아도
분명히 괜찮은 것이라고

소래습지 생태공원, 달빛기행

삼남에서 나온 곡물만 싣고 간 것이 아닌
달처럼 환하게 핀 소금꽃을
수인선 협궤철도에 싣고
인천항으로 반출해가던 일제강점기
그 아픔 모든 것을 곰삭혀놓은 소금창고를 지나
담수, 기수, 염수습지의 세 얼굴을 들여다보는데
순천만 습지에서 실컷 봤던 사각거리는 갈대가
달빛에 갯내음 폴폴 날리며
길이 뒤틀리고 삐딱하게 걷고 있는
나의 등을 밀어주기도 하고
저어새가
불빛도 없이 사뿐사뿐 걷는다고
꽤 그럴싸한 노래도 들려주는 곳
세 개의 풍차가 가을의 전설을 새기는 동안
내가 만나는 사람에게 서툴게나마
자세히 보아야 볼 수 있는 은하수가
초롱초롱해지기 시작하고

제4부

조금 서툴지라도

천수국처럼

햇님을 따라
꽃문을 열고 닫는다는 천수국이
용광로처럼 뜨겁게 녹여버린다 해도
사랑하며 살 것이란다.
내면에 가시넝쿨로
웅크린 내 맘에
푸릇푸릇한 향기를
자연스럽게 폴폴 날리더니
하,
그러고 보면
신에게
한 움큼의 복을 받고도
왜 그토록
삐딱하게 세상을 봤어야 했는지
삽삽한 바람마저 찾아오지 않는다 해도
사랑하며 살고 싶다.
내면의 향기를 콸콸 토해내는
천수국처럼

* 삽삽한: 매끄럽지 아니하고 껄껄하다

오, 가을

드레스 위로 노출된 가슴골처럼
둥근잎유홍초꽃이
기막히게 매혹적이시
스쳐가는 인연도
스며드는 관계로 발전시키려는 듯
뭔가 말을 하려는 것 같기도 하다.
쓰디 쓴 마음을 담아놓은 기억의 그릇을
통쾌하게 통념을 깨버리고
가슴 깊숙이 숨겨놓았던 따뜻한 사랑의
그 씨앗을 이곳저곳에 뿌려보라고
어느 날을 되돌아보아도
애달픔의 쓸모없는 것이
사위어가고
스스로 내가 가진 그릇이 커지도록
부끄럽지 않은 모습으로 살아가기를
오, 가을
나의 가을이 또 이렇게 시작되는구나

달개비꽃이

달개비꽃이
아무렇게나 버려진 흙더미에서
순간순간 즐거움 조각을
바람에 나부끼는 것을 보고
뒤틀린 내 삶에서
가슴 저려내는 슬픈 것을 떠올려 본다.
그러다가
꽃잎의 헛기침에 화들짝 놀라
구깃구깃 접어 찢어서 날려버리고
다정한 미소를 머금어 본다.
새로운 파란 바람이 불면
푸른 들판을 달려보아야겠다.
별 부스러기를 끌어안고서
숨차게 걸어온 삶을 비끄러매보았어도
사랑스러운 꽃을 피우지 못했던
두근거리는 그날의 기쁨으로

저 까마중이

길이 너무 멀다 해도
훗날에 피울 꽃들이
제멋대로 핀 꽃이 아닌
지혜로 버무려져
사람들에게 향기를 주는
매력 넘치는 꽃이기를

연단과 고난이 있을지라도
행복에 젖어 사는 기쁨을
한 바가지씩 퍼다가
생각의 틀을 크게 키워
얼어붙은 사람들의 마음을
녹일 수 있는 꽃이기를

손을 탁탁 털고
꼰지발을 딛은 채
담쑥담쑥 따 먹었던
저 까마중이
단 하나의 진실로
상큼하게 노래하네

* 까마중꽃말: 동심, 단 하나의 진실

유홍초

가을이 스며들면서
별처럼 반짝이는 꽃으로
별다를 것 없어 보이는 마음을
심장나뭇잎에 담아
매일매일
그리움의 무늬를 새기고 싶다.

그런다 해도
연단이라는 이유로 힘겹게 버틴
고통의 날들을 잊을 수 있을까
하여
마음 깊은 곳에서 끌어올려진
소중한 삶의 향기를

가슴 떨리도록 힘차게 펌프질하면서
마중물 같은 하늬바람에
짜릿한 추억까지 흩날리고 싶다
달랠 길 없는
걸림돌이 될지라도
이 멋진 가을날에는

대추나무

우연히 길을 걷다가
가지가 휘어질 듯
대추를 주렁주렁 달고
세상에서 가장 행복하다는
미소를 머금고 있는
대추나무를 봤네

삶의 바탕에
햇살을 받지 못했다고
투덜거리는 대추와
튼실한 꿈을 꾸는 대추 그리고
싱그러움을 품은 대추를
힘들고 고달파도 내색하지 않고
따뜻하게 보듬고 있는 모습이
꼭 울 엄마 같다

손가락이 오그라지고
팔뚝이 비뚤어지고
척추가 휘어지고 아파도
그럼에도

창자까지 훑어내서
순박한 마음으로 베풀기를
좋아하는 것까지도

저 하늘은

계요등꽃이
소소한 행복의 조각을 품고
지혜롭게 웃음 짓는 일상을
저 하늘은 곱게 그려놨구나
꼬인 실타래 하나 없이
표현 한 줄 한 줄에
상처받은 것을 다 닦아 버리고
어리둥절 방향을 못 찾던
유년시절 내 모습까지

가을 문 앞에서

치석을 제거하듯이
인생이 나아갈 길목에서 생긴
그 쓰디쓴 돌덩이도
탁 탁 쪼개
훌훌 털어버리고

청화쑥부쟁이가
생각한 대로 살면서
파아란 미소를 품고
꽃잎 한 올 한 올에
새뜻한 빛을 새기고

믿음의 눈으로 걷다가
뜨거운 가슴을 찾을 줄 아는
나만의 매듭을 짓고 풀면서
글을 짓고 또 지어야겠다.
내가 펼쳐갈 가을에는

미륵사지에서

찬란한 역사의 꽃잎이 휘날리는
미륵사지 석탑을 둘러보는데
목탑에서 석탑으로 향하는 비밀의 문에
석탑 하나 남기고
역사 속으로 사라진 미륵사의
수수께끼가
연화문, 수막새, 토기호, 사리봉영기 등
판도라의 상자가 하나씩 열리면서
스스로 그 존재를 드러내듯
'그때 나는 활짝 웃을 테요'
비밀의 꽃이 만개하는 것처럼
자신의 옛 영화를 알리는
저 미륵사
들은 바요, 눈으로 본 바요,
자세히 보고 손으로 만진 바 같이
수십억의 삶을 변화시키면서
짊어진 수수께끼도 알려다오
가느다란 숨소리라도 좋으니

골굴사에서

사람의 뼈 모양으로
아름답게 드러낸 굴을 통과하니
석회암 절벽 꼭대기에 새겨져
어딘가에 웅크리고 있다가
마애여래불좌상이
콸콸 토해내는
저 심장소리가
표창처럼 나의 생각의 틀이
매끄럽도록
내게 주어진 모든 일에
등불을 달아준다. 꼭 그렇다고
요석공주가 될 것도 아닌데

* 골굴사: 국내 최초의 석굴사원

은목서 향기를 머금은 산사에서
— 선암사

나뭇잎 하나하나가 바람결에
추억을 되새김질하며
기별 없이 찾아온 나에게도
말끝마다 맑은 향기로움을 주는
상수리와 편백나무 그리고 호두나무…
아~저 나무는, 은목서
유년시절 이곳 산사의 계곡에
걸어두었던 추억을 끄집어내는
은목서가 내뱉은 단어의 향기가
숲 깊은 산허리에
성근별처럼 떠 있다가
무지렁이 내 마음을
용수철처럼 휘청거리게 하네

전주천 억새

남부시장에서 국밥 한 그릇을 훌훌 마시고
태양 물이 하늘을 에워싼 해질녘에
삐딱하게 꼬인 억새의 허리를 펴주며
전주천 억새 길을 따라 걸으면서
두껍게 쌓인 검은 이파리의 더께를 걷고
호남 최초의 서문교회 앞 버드나무 가지가
바람에 머리카락을 휘날리며 들려준
연둣빛 새 이파리의 속삭이는 소리와
꽃씨가 들려주는 이야기 듣는다.
새문을 열어 이 길 저 길 다 가볼까
꽃숭어리를 털어내듯이
꼬인지도 모르게 꼬인 내 속내도
꽃잎처럼 길가에 털어놓고
하, 억새가 내일 아침에는 시끄럽겠네

쌍화차를 마시면서

달콤한 대봉시가 그네를 탄다.
팽나무에 매달린 그네는
비틀거리는 마음을 가진 내가 탄다.
쌍화차, 대추차가 끓어오르고
굴뚝에도 연기가 피어오른다.

쌍화차를 마시면서
가래떡을 조청에 찍어 먹는 사이에
나도 모르게 끌어안았던
끝 모를 희망이 싹이 트려나
온몸이 분홍빛으로 물들고 있다

조금씩 음미해야만 느낄 수 있는
그윽한 차의 향기가
예수를 통해 빚어낸 빛이었을까
그 빛이 달콤함으로 다가오더니
언제나 오늘이 훨씬 낫다고
어둠의 일상을 벗어버리고
빛의 갑옷만 입어보란다

그네가 흔들리면서도
어렴풋이나마
둥글둥글 다듬어주었을까
쭉 둘러봐도 삐딱한 것은 없다
맞물린 두 손에 힘이 가득하다

그 언젠가부터

그 언젠가부터
아득히 먼 언덕 너머에
더 좋은 행복이 있을 거라 해도
나를 휘감고 있는
아픔이라는 조각을 빗장으로 채운 채
당신의 이름도 부르지 못하고
크고 작은 뜬구름만 품고 있었네요.

발을 딛고 서 있는 이곳에서
풍랑도 맞고, 허우적거리면서
지금의 삶이 고단하고 힘들 때
어둠을 뚫고
찾아올 당신을 기다리면서
어렴풋이나마 아픔의 조각을
비워내고, 지워내고 했지요.

반짝이는 저 별처럼
어둠 앞에 주저앉지 않고
꿈 너머 꿈을 꾸기 시작하면서
싱긋 웃고 나서 보았네요.
누구보다 깊고 큰 사랑으로
감싸 안으시고 보듬어주시던
당신의 손길이 있었다는 것을

들국화

그 누구에게도 기대지 않고
바위틈에서도 곱게 핀 들국화
은빛같이 비치는 햇살에
있는 모습 그대로
꿈과 웃음을 보여줄까

글자 하나하나가 모여
구가 절이 되고, 행이 되는 것처럼
얼마나 깨우치고, 배우고, 다듬고
또 기도로 빚어지고 채워져야
들국화 당신 같은 모습이 될까

나 이제
향기로운 흙냄새를 알게 되었고
바위에도 찢긴 가슴 다 아물었으니
그대와 우연히 마주친다 해도
생글생글 웃는 그 모습 닮을까

조금 서툴지라도

일하면서 넘어졌다.
무릎이 뒤틀리면서
그곳에 물이 찼는지
우동처럼 퉁퉁 부은 무릎이
잘 휘어지지 않아
절뚝거리면서 언덕을 오르는데
그 길은 길고, 길고, 길었다.

반대편에서
육십 대로 보이는 사나이가
의족을 양손에 잡고
언덕을 내려오는 것이 보였다.
분명 한쪽 다리였다.
나는 그 사나이의 시선을 피해
티내지 않고 똑바로 걸었다.

겨울 햇살은 교집합처럼 겹쳐지는
이 모습을 놓칠세라
포근하고 따뜻한 빛을 주었다.
조금 서툴지라도
아무 걱정하지 말라고
아픈 상처가 잘 아물어야
살아가는 모습도 예쁜 거라면서

향적봉, 설원에 핀 눈꽃이 되어

누추한 삶을 슬쩍 꺼내
구겨서 주머니에 넣어버리고
태초로 거슬러 올라가
산국의 파노라마에 갇혀
설화속의 주인공이 되어본다.
마음을 열어 삶까지 고칠 준비를 하고
향적봉, 설원에 핀 눈꽃이 되어
하얀 이를 드러내며 웃어볼게요.
겉으로 드러낸 모습보다
속으로 웃어주는 미소가
시간이 지나도 익숙할 수 있다면
멀리 더 멀리 내다보는 안목을 키워
내 자신을 돌아보면서
점검도 하고
내가 원하는 방향으로 가고 있는지
스스로 질문하는 것도 멈추지 않을게요.
삶이 허무하게 사라지지 않도록

마삭줄기의 이파리처럼

겨울햇살에 반짝이는
마삭줄기 이파리처럼
저토록 아름답게 익으려면
죽음과 절망의 끝에서
얼마나 더 매달려야 할까

사랑의 등불에
소꿉놀이 추억을
항아리처럼 담아놓고
향을 사르듯이
추억을 펼쳐 보이려면
또
얼마나 더 견디어야 할까

지우고 버려야할 것은
한숨처럼 날려야겠다.
가슴 속에 숨겨놓은
풀지 못한 운명의 숙제도
쓰디쓴 비통함의 기억도

그 바보가

누군가가 먼저
손 내밀어 주길 기다렸다.
아무것도 해 볼 생각도 없이
끈질기게 붙들고
늘어지면 되는 줄 알았던
그 바보가
어느 날 갑자기
깊고 깊은 구덩이에서
밝은 깨달음을 건네던
저 마중물을 보게 되면서
삶을 다시 조율하고
영혼이 맑고 깨끗한 물이 되고 싶다
그러다가도
가끔씩 그 얼굴 떠올리면
미소 짓게 하는 그런 사람
한 번 더 보고 싶어지는 사람
마음에 쏙 드는
그런 사람이 되고 싶다고 한다.
그 바보가

향일암에서

난 바다
당신은 태양
내가 갖고 있는 것을
내일 전부 다 잃을지라도
우린 허물어진 둑도
아무런 근심걱정 없이
둥글둥글 잘 걸어갔지요.

그러던 어느 날부터
몸으로 움직여서
먹고 사는 일을 하게 되면서
고분고분하고 복종만 하는 것이라고
입 다물고, 귀 닫고
당신이란 존재를 잊을 만큼
틈으로 숨을 쉬며 살아야 했고

향일암 출입문을 따라
일주문을 통과하면서
한 송이 꽃을 송두리째 내려놓을 줄 아는
동백꽃이
내 가슴에 향기를 심어 주고

바람이 가르쳐준 방향 따라
기암괴석 틈새를 들어가면서

내 가슴에도 꽃이 피어나고
잠시 잠깐이지만 거북 한 마리가
그런 나를 태우고 바다로 나아갈 때
구름을 비집고 떠오르던 당신
얼마나 보고 싶었던가요?
참, 당신도 이런 거 아세요.
행복한 삶은 이순간이라는 것을

* 향일암: 전남 여수시 돌산읍 향일암로

꽃을 통한 삶의 의지(意志) 그리움의 미학(美學)

박 영 교(시인 · 한국문인협회 이사)

문학(文學)은 인간 여정(旅程)에 피고 지는 꽃이다.

문학은 사람이 살아나가는 길에 뜨겁고 눈물이 있는 정원의 꽃 향이거나, 춥고 삭풍(朔風)이 부는 날 따뜻한 희망을 주는 내용이거나, 아니면 부패한 정치판 속에서 깨끗한 이슬로 꿰어낸 구슬 같은 이야기라고 할 수 있다. 어려운 세상살이에서 보석 같은 언어로 사람들에게 삶의 활력을 부여하고 그 고난의 시대적 투혼을 건져 올려 승화(昇華)할 수 있는 것이 바로 문학의 힘이며 또한 우리들에게 비춰지지 않는 정체성(identity)을 잡아내어 일깨워 주는 것이 문학이라고 생각한다.[1]

윤신희 시인의 제3시집 원고는 참으로 신선하고 향기로운 시향이 진동하였다. 먼저 '시인의 말'을 읽어보면서 윤신희 시인의 삶의 편린(片鱗)을 만나보고 그는 마음이 매우 따뜻한 시인이며 하나님을 아는 진실한 크리

1) 박영교 : 『시조 작법과 시적 내용의 모호성』 도서출판 천우. p.149

스천이라는 것을 느꼈다. 그리고 그는 자연을 사랑하고 자신의 힘들고 고단한 생활임에도 삶의 의지를 꿋꿋이 키워나가는 그리움의 미학이 섬세하게 드러나 있음도 발견하였다.

윤신희 님 〈시인의 말〉에 담겨있는 마음을 엿보았다.

"노동을 한 후 책을 읽고, 글을 쓰고, 또 책을 읽고 글을 쓰면서 살다보면 언젠가 내가 꿈꾸는 대로 꿈이 이루어질 것입니다. 이참에 마음의 웅덩이에 예쁜 꽃씨도 심고, 가꾸면서 살아야겠습니다. 이렇게 살다보면 훗날 먼 훗날에 내가 펼쳐갈 세상은 무척 아름답겠지요."

"윤신희 시인의 글이 단 한사람에게라도 위로가 되고, 평안을 준다면 혹은 얼룩진 때를 말끔히 씻어줄 수만 있다면 더 큰 기쁨이 될 것 같습니다."

"연단이라는 시간도 금덩어리만큼 빛나고 값진 것이 될 수 있을 거라는 생각 때문입니다. 거친 사막에서도 꽃을 피우는 선인장처럼 저에게 주어진 환경에서도 믿음의 향기를 가진 소중한 꽃을 피울 수 있도록 허락하신 하나님께 감사합니다."

우리는 흔히 자기 자신에게 어려운 일이 닥쳐오면 변명을 하고 다른 사람에게 그 책임을 전가하는 것이 보통이다. 그러나 자기를 알고 생활하는 사람, 하나님을 알고 살아가는 사람은 스스로를 다스릴 줄 알면서 자신에게 연단을 주신 하나님께 감사할 줄 아는 사람이다.

윤신희 시인의 시집『그런 인연 하나』에는 전4부로 나누고 있다. 제1부 하늘 바람꽃에게 묻고 싶다. 20편, 제2부 민들레네 통나무집 21편, 제3부 마음으로 하는 공부 21편, 제4부 조금 서툴지라도 20편 등 전 82편의 작품을 싣고 있다.

윤신희 시인의 작품들을 만나보자.

그의 작품 전체를 살펴보면 꽃들을 의인화하여 자신의 삶을 비유적(比喻的)으로 표출하고 있음을 볼 수 있다. 꽃을 좋아하는 사람은 부드럽고 꽃과 같이 마음이 온유하면서 향기가 가득한 사람으로 알고 있다. 사람을 대할 땐 항상 웃음과 자애로움이 함께 있으며 살아있는 자연의 맛이 가득한 것이다.

이봐요, 봄
그냥 오는 것만으로도 좋은데
꿈의 매력을 공급하려고
내 입술을 열어 날 웃게 해 줄
남산 제비꽃까지 데리고 오다니요

문득
꿀주머니를 움켜쥐고
머뭇거리다가
욕심 많은 여자로 살고 싶다는
비밀을 들켜버린 것처럼
이봐요, 봄 걱정 말아요
겹겹이 쌓인 큰 슬픔은
입김보다 가볍게 보내겠어요.

이봐요, 봄
날카롭게 웃지 말아줘요
엇갈린 틀 그 자리마다

밭을 갈고, 써레질도 하고
푸른 감람나무 씨앗도 뿌릴 테니

—「이봐요, 봄」 전문

윤신희 시인의 작품을 읽으면 마음이 순수하고 아주 맑아진다. 왜냐하면 사물이나 자연을 꼭 옆에 함께 거닐고 있는 친구에게 말을 주고받는 다정함을 얻을 수 있어서 아름다움과 즐거움이 한결 더하는 것 같아서 덩달아 행복하다.

위의 작품은 봄을 의인화하여 봄과 함께 거닐면서 주고받는 대화이다. 우리가 살아가면서 친한 친구나 가까운 사람들과 얼마나 많은 대화를 주고받았는가를 생각해 보라. 내 자신의 마음속에 있는 내용을 쏟아 부어 줄 그런 친구가 있다는 것, 자연을 벗 삼아 주고받는 이야기가 너무나 기쁘고 즐거운 일이 아니겠는가?

'이봐요, 봄/ 날카롭게 웃지 말아줘요/ 엇갈린 틀 그 자리마다/ 밭을 갈고, 써레질도 하고/ 푸른 감람나무 씨앗도 뿌릴 테니'

윤 시인의 「이봐요, 봄」의 작품 마지막 부분의 글이다. 시인은 농사를 지어 본 사람이며 자연을 그리워하면서 밭을 갈 줄도 알고 있다. '써레질도 하고' 이 작품 속에는 단연 이 한마디의 낱말이 윤시인의 전체를 말해주고 있으며 '감람나무' 이 낱말 속에는 하나님을 아는 사람이라는 걸 역력히 나타내 주고 있다.

죽평리 논두렁에서
연약한 줄기에
꽃대를 올려
하얀 웃음을 주던
그 산자고꽃이
쑥부쟁이를 뜯을 때마다
머릿속 창문을 열고
쭈뼛쭈뼛 하더니
꽃밭하나 가꾸고 살란다.
내가 걸은 길과 걸어 갈 길
모든 것을 알고 있으면서
사랑해주던 그분처럼

* 죽평리: 순천시 서면 죽평마을

—「그 산자고꽃이」 전문

윤신희 시인은 조그마한 꽃잎 하나, 보잘 것 없는 풀잎 하나에도 마음을 주고 사랑해 주는 영혼이 아름다운 시인이다. 산자고 꽃은 물속에서도 자라고 흔히 보잘 것 없는 소귀나물로 불리는 사람들이 재배하기도 하는 나물이다.

죽평리 마을에서 보는 산자고 꽃을 통해 시인의 머릿속을 파고드는 그 옛날 일을 떠올려본다. 앞으로 살면서 꽃밭 하나 가꾸고 살고 싶다는 생각도 한다. 윤 시인이 앞으로의 갈 길과 살아갈 길 모든 것을 알아주면서 사랑해 주던 그 분을 떠올리는 소박하고 지고지순한 작품이다.

사랑이란 언제 하여도 즐거우며 언제 해 보아도 그리

운 것이다.

환장하겠다. 봄날이
봄바람을 가르며 달려간 고향에서
엄마랑 함께 밭에서
쑥과 머위순을 캐고,
달래와 쪽파를 뽑고, 두릅을 땄다
선친의 묘지 위에서 반짝이던 별꽃이
엄마의 구부정한 허리 사이로 보이는
닳아진 손금을 애정으로 비춰준다.
한결 푸근한 세상을 살았노라 말하는
엄마의 이마에 새겨진 주름은
지금까지 서툰 젓가락질을 했어도
들추기 싫은 것을 끄집어내서 버리고
쑥국을 끓이고
두릅을 데치고
양념장을 만들어 낸다.
이렇게 새로운 매일 매일을

—「봄과 함께」 전문

요즘 '보릿고개' 라는 가수 진성의 노래를 들으면서 그 옛날 우리들 어머니는 어떻게 살아오셨을까? 하는 아픈 마음을 헤아려 본다.

윤 시인은 봄날을 맞이하면서 엄마와 함께 살아오던 길을 걷고 있는 것이다. 고향의 봄 길에 쑥과 머위 순을 캐고 달래와 쪽파, 두릅을 따던 생각, 선친의 묘지 위의 별꽃, 허리 굽은 엄마, 그 사이로 보는 다 닳아빠진 손금 그것을 보면서 엄마가 살아온 이마에 새겨진 주름, 등을 생각하면서 봄 햇살을 받으며 방금 뜯어 온 쑥국을 끓이고 이제 따온 두릅을 데치면서 엄마의 노고를 새삼 느끼는 시인의 마음 그 자체가 봄날이자 포근한 엄마 품속이다.

'엄마' 그 대명사의 이름은 온 세상 모든 사람 마음속에서 항상 꽃이 피고 달래와 냉이를 캘 수 있는 봄햇살 같은 따사로운 그리움의 텃밭이다.

매화꽃이 향기를 폴폴 내면
그 향기를 다 마셔버리겠다는 각오로
꽃송이를 따던 내 어린 시절 모습이 마치
하와가 금단의 열매를 따서
아담에게 건네는 장면처럼 스쳐지나간다.
한 땀 한 땀 끊임없이 수놓았을
그 소중한 향기

바닥에 너부죽이 엎드려
솜방망이에도 상처를 입었던
내 영혼과 네가 가엽다며
그 몹쓸 과거의 기억 다 녹여버린다.
코로나 19, 그 앞에서
그 소중한 향기 실컷 뿜 내거라
그 향기에 사르르 다 녹아지도록

—「매화꽃이 향기를 폴폴 내면」 중에서

코로나 19가 전 세계인들을 강타하면서 모든 사람들

에게 미움을 사게 되었다.

윤신희 시인도 코로나 19는 지워버리고 싶은 심정일 것이다. 어린 시절 매화꽃 향기를 혼자 다 마셔버리겠다고 매화꽃송이를 따던 생각이 아담과 하와에게까지 그 이미지를 연결시키면서 그 소중한 매화향기를 표현하고 있다.

지난날 그의 몹쓸 과거의 기억을 녹이면서 이 작품의 끝부분을 인용한다.

'코로나 19, 그 앞에서/ 그 소중한 향기 실컷 뿜 내거라/ 그 향기에 사르르 다 녹아지도록'

이 어려운 시기에 그 소중한 설중매(雪中梅)의 향기가 코로나 19를 녹여 없애도록 생각하는 시인의 마음이 갸륵하다.

신이시여/
당신이 가라하신 이 길을 /
화덕같이 화끈하게 따르겠습니다./
주인공이 아닌 조연이라도/
소중한 것을 보듬을 줄 아는/
별처럼 아름답게 빛나는/
주인공 같은 조연되게 하소서/

—「금낭화의 기도」 전문

윤신희 시인은 신앙심(信仰心)이 깊은 시인인 것 같다.

금낭화라는 꽃을 의인화하여 표출한 시이지만 그 내용은 시인 자신이기 때문이다. 하나님께서 지시한 길을 뜨거운 화덕과 같은 마음으로 당신의 지시를 따르겠다는 마음이다. 그리하여 그곳에서 주인공은 못되더라도 소중한 마음을 보듬을 줄 아는 조연이라도 감수하겠다는 것이 시인의 생각이며 별처럼 아름답게 빛나는 주인공 같은 조연이 되기를 바라는 시인의 기도(祈禱)이기도 하다.

민들레네 통나무집
참 옹골지구나!
흙의 향기로운 냄새가 그립다면서
단 한 번뿐인 삶을 위해
어쩔 수 없이 통나무에 집을 지었지만
주어진 환경을 탓하지 않고
가슴에 준비된 사랑을 뽐내면서
꿈과 웃음을 섞은
자잘한 즐거움으로
통나무집에서도
잘 살아내고 있는 저 민들레처럼
나도 잘 살아내고 싶다.
가슴에 준비된 사랑으로
소중한 향기 폴폴 날리면서

—「민들레네 통나무집」 전문

우리는 민들레의 삶을 잘 알고 있다.

민들레는 어디에 어느 곳에 심어놓아도 그곳의 모든 조건을 거스르지 않고 잘 적응하면서 살아가는 식물이므로 우리나라의 민족성(民族性)을 표현할 때 민들레를 상징적으로 가져다 쓰는 말이기도 하다.

윤신희 시인은 어느 통나무집에 뿌리내려 목숨을 부

지하고 사는 민들레를 보면서 흙을 좋아하고 흙냄새를 그리워하는 민들레가 자신의 준비된 사랑과 꿈과 웃음을 잃지 않고 살아가는 것을 보면서 나(詩人) 자신도 가슴에 준비된 사랑과 꿈과 웃음을 잃지 아니하고 자신의 소중한 향기를 모든 사람들에게 내어 주고 싶다는 생각을 해 본다.

우연히 마주친 맨드라미꽃을 보고
내 삶도 이렇게 화사했으면
마음 내키는 대로
생각하다가
신께 다시 떼를 써본다.
속으로 더 이상 우는 일이 없기를
시들지 않는 포근한 사랑은
덤으로 얹어 주기를
거부할 수 없는 운명으로
빙 돌아다녀야했던 사람과
험난한 구간을 통과한 사람에게는
뭐든 말만 하면 다 들어주기를

—「욕심」 전문

맨드라미꽃은 보는 사람마다 화려하고 탐스러운 꽃으로 보인다. 윤 시인은 이 꽃을 보면서 자신의 삶에 대한 아픔이나 어려움 그리고 그리움 등이 이 맨드라미꽃과 같이 화사(華奢)했으면 하는 바람이었다.

윤 시인은 생각했다. 하나님께 떼를 쓰면 들어주시겠지 하는 생각을 해 본다. 더 이상 나에게 슬픔이 없게 해 주시고 또 우는 일도 없게 해 주시고, 포근한 사랑은 덤으로 주시면 좋겠다고, 또 사랑하는 사람과 험난한 구간을 잘 통과(通過)하게 해주셔서 잘 살 수 있게 해 주시기를 기도하며 소원하고 있는 작품이다.

내가 나다워질 수 있을지도
모른다는 생각에
잠시 하던 일을 멈추고
매일매일 새로운 꽃을 피우는
일일초 앞에서
한참이나 쪼그려 앉아본다.

아주 가끔씩은 인생의 도화지에
네가 좋아하는 것으로
색칠을 해보는 것도 괜찮지 않을까
색칠하다 보면
언젠가 네가 살아낸 흔적이
커다란 그림으로 그려질 것이고

가난한 삶에 대한
강박에 짓눌리지 말고
괜찮아지는 날
가난의 참된 의미를 찾는 것에
마음을 써 보라고 속삭이는
그 소리 고소하고 달콤하네

—「일일초 앞에서」 전문

시(詩)는 어려운 철학(哲學)이 아니다. 시가 직접적(直接的)인 체험이나 간접체험(間接體驗) 속에서 살아 꿈틀거릴 때 독자들의 마음도 움직여지며 작가와 일체의 감동도 표출하게 되는 것이다. 시인의 붓끝은 약하지만 어렵고, 가난한 자의 편에 서서는 천군만마와 싸워 이길 수 있는 용기와 지혜의 큰 힘이 담긴 명검(名劍)으로 남아야 하고, 강하고 두렵고 권력을 남용하는 자의 앞에 서서는 그것을 녹일 수 있는 대장간의 풀무불과 같은 용광로의 불길이어야 한다.[2)]

일일초의 꽃말은 '당신을 사랑합니다.' '즐거운 추억을 사랑합니다.'라고 하며 이 꽃은 매일 한 송이씩 피어서 일일초라고 하며 원산지는 마다가스카르라고 한다.

윤신희 시인은 이 일일초를 들여다보면서 자신의 하루하루도 새롭게 전개해 가기를 바라고 나중에는 커다란 그림으로 남을 것을 기대해 보는 마음이 담겨 있다. 지금은 가난하고 그 가난한 강박감에 사로잡혀 있으나 빨리 벗어버리고 괜찮아지는 날 자신이 살아온 가난의 참된 의미를 찾아보자는 시인의 굳은 의지와 마음의 자세가 들어있는 작품이다.

가을에 필 것 같은 꽃이
7월에도
소녀처럼
순수하고 맑은 웃음으로
반전 매력을 품고
예쁘게 피어 있었구나

---

2) 박영교, 『시와 독자사이』(도서출판 청솔. 2001) p347~348.

어찌 그리 참으로 보기 좋은지
나도 말이야
사랑스럽고 당당한 꽃이 되어
누군가의 가슴이 다시 뛰게 하는
그런 꽃이 되었으면

—「쑥부쟁이, 그런 꽃이 되었으면」 전문

윤신희 시인은 그 많고 화려한 꽃들이 많은데 왜 하필이면 쑥부쟁이 꽃을 좋아할까? 생각해 본다. 화려한 장미꽃이나 백합꽃도 좋은 꽃인데 말이다.

쑥부쟁이는 국화과에 딸린 여러해살이풀로 들국화의 한 종류이다. 키는 30~100cm쯤 자란다. 잎은 넓은 바늘 모양이고, 가장자리에 굵은 톱니가 있으며 어긋나기로 난다. 7~10월에 줄기 끝에 연보라색 꽃이 한 송이씩 무더기로 핀다. 어린잎은 봄에 뜯어서 삶아 무쳐 먹는다. 축축한 땅에서 자라며, 우리나라 · 중국 · 일본 · 시베리아 등지에 분포한 야생화이다.

윤 시인은 쑥부쟁이 꽃은 맑은 웃음으로 반전매력을 품고 있어서 좋아한다고 했다. 시인 자신도 참으로 보기 좋은 꽃으로 사랑스럽고 당당한 꽃이 되어 누군가의 마음을 뛰게 하는 그런 꽃으로 살아나기를 바라고 있으며 순수하고 청아한 물빛 순정을 녹여낸다.

찬란한 역사의 꽃잎이 휘날리는
미륵사지 석탑을 둘러보는데
목탑에서 석탑으로 향하는 비밀의 문에
석탑 하나 남기고

역사 속으로 사라진 미륵사의
수수께끼가
연화문, 수막새, 토기호, 사리봉영기 등
판도라의 상자가 하나씩 열리면서
스스로 그 존재를 드러내듯
'그때 나는 활짝 웃을 테요'
비밀의 꽃이 만개하는 것처럼
자신의 옛 영화를 알리는
저 미륵사
들은 바요, 눈으로 본 바요,
자세히 보고 손으로 만진 바 같이
수십억의 삶을 변화시키면서
짊어진 수수께끼도 알려다오
가느다란 숨소리라도 좋으니

—「미륵사지에서」 전문

윤신희 시인의 작품을 훑어보면 꽃을 통한 자신의 의지(意志)나 그리움의 미학(美學)에 대한 것이지만 고찰(古刹)이나 우리나라 역사의식(歷史意識)도 함께 있어서 좋다.

시인(詩人)은 어떤 사물에 대하여 사람으로서의 느낄 수 있는 정감(情感)은 깊고 넓어야 하며 높고 푸른 하늘처럼 불변하여야 하고 시간과 공간을 망라하여 그 정감이 모든 사물을 꿰뚫을 수 있는 날(刃)이 싱그러운 송곳과 같아야 한다.

윤신희 시인의 작품「미륵사지에서」의 작품은 그 속에 내포해 있는 역사적 내용이 너무나 넓고 깊은 이미지를 품고 있기 때문에 독자들로 하여금 새로움을 느낄 수 있는 작품이다. 시를 통해 새로운 지식을 얻을 수 있어서 좋다.

미륵사지 석탑은 전북 익산시 금마면 미륵사 터에 세워진 삼국시대 백제 제30대 무왕과 관련된 탑으로 국보(國寶)이다. 여기에는 중앙에 목탑, 동·서쪽에는 각각 석탑으로 세웠는데 다 없어지고 서쪽의 석탑만이 일부 헐려져 있지만 현재 우리나라에 남아있는 석탑으로는 최대 규모이며 가장 오래된 탑으로 남아있다.

시인은 이 미륵사지 석탑을 보면서 백제시대의 찬란한 역사를 생각하며 그 때의 그리움에 대한 비밀의 문에 들어서는 것이 이 미륵사지 석탑이다. 그는 백제시대의 판도라 상자를 열어보려는 시인의 마음이 작품 속에 깔려있다. 옛 영화를 알리는 미륵사지 석탑을 통해

들은 바요, 눈으로 본 바요,
자세히 보고 손으로 만진 바 같이
수십억의 삶을 변화시키면서
짊어진 수수께끼도 알려다오
가느다란 숨소리라도 좋으니

시인은 이렇게 조용히 그 옛날의 영화를 듣고 싶은 마음 자리가 참으로 넉넉하고 풍요롭다.

문학(文學)하는 사람들은 그 마음가짐이 순박하여 실생활(實生活)에서 조금은 밑진 듯해 보이는 사람들이 대부분이다. 그러나 실상은 모든 사람들에게 온화한 마음을 열어줄 뿐만 아니라 매사에 원만한 삶을 추구하는 지

성(至誠)과 바른 인성(人性)을 겸비한 사람들이다.

시인은 그 시대 언어의 주인인 동시에 그 사회를 비춰주는 등불임을 자인(自認)하는 자긍심(自矜心)이 있어야한다. 좌우로 치우치지 않고 그 시대를 직시할 수 있어야하며 언제나 때 묻지 아니하고 맑은 목소리로 타이르는 안내자여야 한다. 그리고 시인의 집념(執念)과 노력(努力)은 먼 거리를 달리는 마라토너의 자세이거나 에베레스트의 정상을 향하여 꾸준히 등산하는 등반대원의 의지와 인내로 정상을 극복하는 바로 그것이어야 한다고 본다.[3)]

우리나라가, 시대가 많이 배불러 아쉬운 것이 없는 지금, 시인은 이런 삶 속에 마음을 찌르는 송곳같이 샤프한 시심(詩心)과 더욱 따사로운 인정으로 시대의 흐름을, 어두움을 개선해 나갈 수 있어야 한다.

'시는 시인 그 자체이다.'라는 말이 있다. 즉 시를 읽어보면 그 시인의 인격과 믿음, 정의감과 지적수준, 문학적 소양, 생활양식 등 많은 것들을 내포하고 있어서 그런 말을 할 수 있는 것이 아닌가 한다.

윤신희 시인의 작품 속에는 긍정적인 삶의 터전이 항상 준비되어 있으며 독자들에게 온화한 마음을 열어서 보여 줄 수 있을 뿐만 아니라 매사에 원만한 삶을 추구하는 지성(知性)과 바른 인성(人性)을 겸비한 훌륭한 시인으로 자리매김하고 있다.

앞으로 더욱 빛나는 시를 발표하여 독자들에게 따사로운 인정을 받는 멋진 시인이 되기를 기원하는 바이다.

---

3) 박영교, 『文學과 良心의 소리』(도서출판 대일, 1986) p.113.

문학세계대표작가선 965

그런 인연 하나

윤신희 제3시집

인쇄 1판 1쇄 2022년 3월 23일
발행 1판 1쇄 2022년 3월 30일

지 은 이 : 윤신희
펴 낸 이 : 金天雨
펴 낸 곳 : 도서출판 천우
등 록 : 1992. 2. 15. 제1-1307호
주 소 : 서울시 성동구 무학봉28길 6 금용빌딩 2F
전 화 : 02)2298-7661
팩 스 : 02)2298-7665
http://moonhak.wla.or.kr
E-mail : chunwo@hanmail.net

값 13,000원

ISBN 978-89-7954-866-2